# BEI GRIN MACHT SICH IHR
# WISSEN BEZAHLT

- Wir veröffentlichen Ihre Hausarbeit,
  Bachelor- und Masterarbeit

- Ihr eigenes eBook und Buch -
  weltweit in allen wichtigen Shops

- Verdienen Sie an jedem Verkauf

## Jetzt bei www.GRIN.com hochladen
## und kostenlos publizieren

GRIN

**Bibliografische Information der Deutschen Nationalbibliothek:**

Die Deutsche Bibliothek verzeichnet diese Publikation in der Deutschen National-
bibliografie; detaillierte bibliografische Daten sind im Internet über http://dnb.d-
nb.de/ abrufbar.

**Impressum:**

Copyright © 2017 GRIN Verlag, Open Publishing GmbH
Druck und Bindung: Books on Demand GmbH, Norderstedt Germany
ISBN: 9783668528666

**Dieses Buch bei GRIN:**

http://www.grin.com/de/e-book/374419/analyse-der-fitnessbranche-anhand-des-
five-forces-modells

Anonym

# Analyse der Fitnessbranche anhand des Five-Forces-Modells

GRIN Verlag

**GRIN - Your knowledge has value**

Der GRIN Verlag publiziert seit 1998 wissenschaftliche Arbeiten von Studenten, Hochschullehrern und anderen Akademikern als eBook und gedrucktes Buch. Die Verlagswebsite www.grin.com ist die ideale Plattform zur Veröffentlichung von Hausarbeiten, Abschlussarbeiten, wissenschaftlichen Aufsätzen, Dissertationen und Fachbüchern.

**Besuchen Sie uns im Internet:**

http://www.grin.com/

http://www.facebook.com/grincom

http://www.twitter.com/grin_com

Deutsche Hochschule für
Prävention und Gesundheitsmanagement
Hermann Neuberger Sportschule 3
66123 Saarbrücken

# Einsendeaufgabe

| | |
|---|---|
| **Fachmodul**: | Marketing II |
| **Studiengang**: | Fitnessökonomie |
| **Datum Präsenzphase:** | 09.01.-12.01.17 |
| **Matrikelnummer**: | |
| **Studienort:** | |
| **Semester:** | **WS 2014** |

# Inhaltsverzeichnis

# 1 Preismanagement und Kooperationen

## 1.1 Preiselastizität der Nachfrage

Prozentuale Veränderung des Preises:

39,90 € = 100%

45,90 € = 115,04% (Rechenweg: 45,90 x 100 / 39,90)

Das Studio plant eine Erhöhung des Preises um 15,04%.

Prozentuale Veränderung der Nachfrage (Mitglieder):

2.300 = 100%

2.100 = 91,3 % (Rechenweg: 2.100 x 100 / 2.300)

Aufgrund der Preiserhöhung wird ein Mitgliederrückgang um 8,7 % erwartet.

Preiselastizität der Nachfrage:

$\varepsilon$ = Änderung der nachgefragten Menge (%) / Änderung des Preises (%)

$\varepsilon$ = 8,7 % / 15,04 %

$\varepsilon$ = 0,087 / 0,1504

**$\varepsilon$ = 0,58**

Die Preiselastizität der Nachfrage für die Mitgliedschaft liegt unter dem Wert von 1 (0,58). Das bedeutet, es handelt sich um eine unelastische Nachfrage. Die Erhöhung des Preises führt nur zu einer relativ geringen Abnahme der Mitgliederanzahl. In diesem Falle ist eine Erhöhung des Preises eindeutig zu empfehlen.

## 1.2 Preisbildung

### 1.2.1 Anlässe der Preisbildung

Der Anlass zur Preisbildung ist vor allem die Markterschließung, da das Unternehmen schon am Markt ist, aber neue Filialen am Markt etablieren will. Daher handelt es sich auch um die erstmalige Festlegung des Preises in diesen Filialen. Zu diesem Zwecke orientiert sich die Unternehmensführung an der bestehenden internen Preisstruktur im mittleren und hohen Segment. In dem Unternehmen aus gegebenem Beispiel ist es das

Ziel, einen geeigneten Mitgliedschaftspreis zu ermitteln, sodass der höchstmögliche Gewinn realisiert werden kann.

Dabei wird die Strategie der Marktentwicklung nach der Produkt-Markt-Matrix angestrebt, d.h. ein vorhandenes Produkt, hier eine vorhandene Dienstleistung, wird in neue Märkte transferiert. Hierbei befindet sich die Markterschließung auf geografischer Ebene, weil die Standorte der Filialen sich auf nationale Gebiete erweitern, es jedoch keine Informationen zur Erschließung neuer Zielgruppen oder ähnlichem gibt. Diese Expansion birgt dabei hohe Kosten vor allem im Marketing-Bereich.

### 1.2.2 Kostenorientierte Preisbildung

Zuschlagsverfahren für den Preis einer Mitgliedschaft:

- variable Kosten: 12,50 € pro Person und Monat
- fixe Kosten: 850.000 € pro Jahr
- erwarteter Absatz: 2.500 Mitglieder

Kosten: Kv + Kf / Menge = (12,50 x 12) + (850.000/ 2500) = 490 €

Die variablen Kosten entsprechen denen eines Monats, diese wurde mit dem Multiplikator 12 auf ein Jahr hochgerechnet. Die Kosten einer Mitgliedschaft betragen 490 € pro Jahr (entspricht 40,83 € im Monat).

Es wird ein Gewinnzuschlag von 20 % angesetzt. D.h. die Kosten in Höhe von 490 entsprechen 80 % und der Preis mit Gewinnaufschlag (100%) ist gesucht.

Preis mit Gewinnaufschlag = Preis pro Einheit / 100 % - % geplanter Gewinn

= 490 € / 80 %

= 612,50 € pro Jahr (geteilt durch 12)

= **51,04 € Mitgliedsbeitrag pro Monat**

### 1.2.3 Konkurrenzorientierte Preisbildung

Ein Konkurrent mit ähnlichen Positionierung eröffnet im Marktgebiet und bietet seine Dienstleistung zu einem geringeren Preis an, als die eigene Preisvorstellung.

Die Fitness- und Gesundheitsbranche ist ein polypolistischer Markt, was bedeutet, dass es viele Anbieter und gleichzeitig viele Nachfrager gibt. Von daher sollte man sich als

Unternehmensführer durch solch einen Konkurrenten nicht aus der Ruhe bringen lassen. Der Käufer sieht klar, dass es unterschiedliche Preise am Markt gibt und ist durchaus gewillt unterschiedliche Preise zu zahlen. Viele Unternehmen begehen den Fehler eher kostenorientiert anstatt wertorientiert Preise zu bilden und setzen unter dem Druck der Konkurrenz ihre Preise zu schnell zu niedrig.

Ob der Konkurrent ein Preisführer am gesamten Markt ist, ist unklar. Da die neue Anlage erst eröffnet wird, gibt es noch die Chance sich mit dem eigenen Unternehmen am Markt zu behaupten. Durch die Ansiedlung im hohen Preissegment könnte allerdings die Reduktion des Preises für den Kunden wie eine Wertminderung der Dienstleistung erscheinen. Somit wäre eine Positionierung als Qualitätsführer anstatt Preisführer eine bessere Alternative und der Preis sollte nicht reduziert werden, sondern beim Verkauf (z.B. im Beratungsgespräch) der Dienstleistung sowie im Marketing die Hochwertigkeit und Exklusivität zu betonen.

# 2 Strategische Analysemethoden

## 2.1 Five Forces-Modell nach Porter

Zur Einschätzung der Marktattraktivität bzw. der Durchsetzungsfähigkeit am Markt werden über das Five Forces-Modell die 5 Einflussfaktoren auf das Unternehmen analysiert. Damit kann die Verhandlungsmacht des Unternehmens bestimmt werden.

Zu den direkten Mitbewerbern der Fitness First GmbH zählen vor allem Fitnessketten, die sich ebenfalls im höheren Preissegment ansiedeln und eine hohe Serviceorientierung aufweisen. Dabei sind zum Beispiel INJOY und Holmes Place aufzuführen, zum einen unterliegen sie der gleichen Preis- und zum anderen der gleichen Unternehmensstruktur (z.B. großes Kursangebot, Personal Trainings, Serviceleistungen, Qualität etc.).

INJOY bietet beispielsweise mehrere Sub-Brands, die sich genau wie bei Fitness First auf unterschiedliche Zielgruppen ausrichten und im Preis stark variieren können. Diese ähnlichen Merkmale machen einen Rivalen zur direkten Konkurrenz. Billiganbieter wie McFIT stellen hier eher weniger Bedrohung dar.

Potentielle Mitbewerber können aufgrund der vergleichsweise niedrigen Markteintrittsbarrieren schnell eine Bedrohung darstellen und führen dazu, dass der Preisdruck steigt. Jedes größere Unternehmen mit genügend Kapital könnte jederzeit ein Studio eröffnen, das Fitness First Konkurrenz macht. Die Fitnessbranche erlebt nach wie vor ein starkes

Wachstum. Die Reaktionsquote erhöhte sich von 2014 zu 2015 um 0,4 Prozentpunkte und erreicht einen Anteil von 11,6 % an der Gesamtbevölkerung. Dieses Wachstum bestätigt den stetig steigenden Anteil der Gesellschaft, für den das alltägliche Training und die aktive Gesundheitsvorsorge selbstverständlich ist (Arbeitgeberverband deutscher Fitness- und Gesundheitsanlagen [DSSV], 2016). Nur kann es auch sein, dass zum Beispiel die Sport-Vereine, die eigene Fitness-Bereiche ausbauen sich auch zu ernstzunehmender Konkurrenz entwickeln könnte. Bisher geht jedoch noch wenig Gefahr von ihnen aus.

Die Fitness-Branche ist eine polypolistische Marktform, bei der die Kunden durch die große Auswahl generell eine relativ große Verhandlungsmacht, vor allem bei Mitbestimmung über den Preis haben. Je unpersönlicher die Dienstleitung, gerade bei großen Fitnessketten ist, desto sprunghafter sind die Kunden und desto höher kann auch die Fluktuation sein. Fitness First bedient hierbei keine Nische und macht sich somit ersetzbar und leicht austauschbar.

Die Zulieferer haben dank der großen Menge an Kraftgeräten der Fitness First Studios wenig Verhandlungsstärke. Das etablierte Unternehmen ist mit mehr als 380 Clubs weltweit eine der größten Fitnessketten. Ein Unternehmen, das so viele Filialen hat, wirkt besonders vertrauenswürdig, da die Zulieferer davon ausgehen können ihr Zahlungen stets pünktlich zu erhalten.

Die Bedrohung durch Ersatzprodukte scheint im Zeitalter des technischen Fortschritts besonders hoch, jedoch sollte man genauer beleuchten, ob diese tatsächlich eine so große Zugwirkung haben wie oft angenommen. Apps wie zum Beispiel „Gymondo" werben mit meist unrealistisch schnellen Erfolgen und einer Flexibilität der Angebote (Kündigung jederzeit möglich), die für den Kunden sehr attraktiv wirkt. Besonders schnelle Workouts, die man überall zu jeder Zeit absolvieren kann machen es den Verkaufsabteilungen in den Studios wie Fitness First schwer, lange Verträge zu verkaufen, die jedoch zur Unternehmenssicherung und Abdeckung der Kosten beitragen. Allein über das schwer greifbare und darstellbare Thema der Betreuung und Serviceleistungen kann man als herkömmliches Studio noch einen Vorteil erlangen und die hohen Preise rechtfertigen. Neuerdings gibt es jedoch Anzeichen dafür, das gerade diese Leistungen wieder von den Kunden verlangt werden, weil diese für sich erkennen, das ein langfristige Erfolge sonst meist ausbleiben. Für das Unternehmen besteht also durch solche Ersatzprodukte wenig Bedrohung, unter anderem zeigt sich Fitness First in diesem Punkt auch fortschrittlich und stieg 2014 mit dem Kauf von „NewMoove" in das boomende Online-Geschäft ein, bietet jetzt außerdem selbst eine „CustomFit" App an, mit der sich das Training leichter in den Alltag einbauen lassen soll.

## 2.2 Durchführung einer SWOT-Analyse (Bsp. Fitness First)

**Stärken:**

1. Firmenfitness

Fitness First ergreift den Trend des Entspannungs- und Präventionstrainings und unterstützt Firmen in deren betrieblichem Gesundheitsmanagement. Die Betriebe können verschiedene Zuschuss- oder Rabattmodelle wählen, oder sogar die ganze Mitgliedschaft finanzieren. Auch Vorträge zum Thema Ernährung oder Stressbewältigung werden angeboten. Damit generiert das Unternehmen zusätzliche neue Kontakte und schafft eine „Win-Win"-Situation für das eigene Unternehmen und die Partnerfirmen.

2. Marktanteil

Mit über 80 Clubs und rund 270.000 Mitgliedern gehört Fitness First zu den führenden Fitness- und Gesundheitsdienstleistern in Deutschland. Als Tochterunternehmen der britischen Fitness First Group ist das Unternehmen zudem Teil eines der weltgrößten Fitnessstudio-Betreiber mit mehr als 380 Clubs in 16 Ländern (Fitness First GmbH, 2016).

### Kettenbetriebe bauen Marktanteile aus

Entwicklung ausgewählter Kettenbetreiber in Deutschland

| | | Mitgliedschaften | | Anzahl der Anlagen | | Veränderung 08/09 | |
|---|---|---|---|---|---|---|---|
| | | Dez 08 | Dez 09 | Dez 08 | Dez 09 | Mitglieder | Anlagen |
| 1 | McFit | 700.000 | 850.000 | 101 | 120 | 21,4% | 18,8% |
| 2 | Fitness First Germany | 286.000 | 281.000 | 108 | 102 | -1,7% | (5,6)% |
| 3 | Kieser Training | 250.770 | 247.130 | 119 | 119 | -1,5% | 0% |
| 4 | INJOY | 179.040 | 197.505 | 160 | 171 | 10,3% | 6,9% |
| 5 | clever fit | 40.000 | 55.000 | 22 | 36 | 37,5% | 63,6% |
| 6 | Unternehmensgruppe Pfitzenmeier | 44.220 | 53.090 | 17 | 21 | 20,1% | 23,5% |
| 7 | easy Sports | 38.500 | 45.000 | 32 | 37 | 16,9% | 15,6% |
| 8 | Day-Night-Sports | 28.554 | 31.000 | 7 | 7 | 8,6% | 0% |
| 9 | body+soul | 17.650 | 30.122 | 5 | 7 | 70,7% | 40% |
| 10 | MeridianSpa | 27.150 | 27.500 | 5 | 5 | 1,3% | 0% |
| | Gesamt | 1.611.884 | 1.817.347 | 571 | 625 | 12,7% | 9,5% |

Abb. 1: Marktanteile führender Fitnessketten in Deutschland (Deloitte, 2010; zitiert nach Deutscher Industrieverband für Fitness und Gesundheit e.V. [DIFG], 2010, S. 25)

3. Angebotsvielfalt

Fitness First schneidet bei der Stiftung Warentest 2014 mit der Note Gut (2,5) ab und wird vor allem für die Vielfältigkeit gelobt. Von Kraft- und Ausdauertraining, Kursen bis zu funktionellem Training, es ist für jeden etwas dabei. „Vier verschiedene Club-Kategorien, die sich im Angebot und Preis unterscheiden. Das Standartangebot, das getestet wurde heißt Lifestyle. Platinum Clubs bieten zusätzlich z.B. Schwimmhallen oder große Wellnessbereiche, Black Label Clubs sind die „5 Sterne Kategorie". Außerdem gibt es Clubs nur für Frauen" (Stiftung Warentest, 2014, S. 77).

**Schwächen:**

1. Image

Auch seit der Umbenennung vom alten Markennamen „Fitness Company" zu „Fitness First" hat die Firma, so wie viele andere der Branche das Image einer „Muckibude". Dass sich mittlerweile mehr hinter den Fitness-Studios verbirgt, als zu Zeiten des Bodybuilding-Körperkults, soll nun durch gezieltes Marketing vermittelt werden.

2. Auslastungsproblem

Stoßzeiten in den Anlagen sind vor allem zwischen 17 und 19 Uhr. Lange Wartezeiten an den Geräten und überfüllte Kurse tragen zur Unzufriedenheit bei den Kunden bei.

3. Beratungsgespräch

Eine zu offensive und aggressive Verkaufsstrategie empfinden Kunden meistens sehr negativ. „Statt gesundheitliche Probleme oder Trainingsziele zu erfragen, drängte man unsere Testpersonen, gleich zu unterschreiben: „Ohne Vertrag kein Probetraining." Der Gipfel: Obgleich unser Tester telefonisch ein Probetraining vereinbart hatte, wurde er nicht begleitet" (ÖKO-TEST, 2009, S. 137). „Anders als die anderen Ketten im Test wollte uns Fitness First keinen Mustervertrag zuschicken. Nur einen Monat zu trainieren, geht nicht: Ein monatlich kündbarer Vertrag erstreckt sich inklusive Kündigungsfrist von vier Wochen auf zwei Monate. Auffällig war ein penetrantes Drängen auf Vertragsabschluss" (ÖKO-TEST, 2009, S. 139).

**Chancen:**

1. Steigendes Gesundheitsbewusstsein

Die Entwicklung vom Fitness-Anbieter zum kompetenten Gesundheitsdienstleister wird mittlerweile schon von vielen Studios wahrgenommen. Die Nachfrage nach gesundheitsorientierten Programmen steigt. Auch durch die Kooperation mit Ärzten und Krankenkassen können somit sowohl mehr Neukunden gewonnen werden, als auch das Image aufgebessert werden. Auch das vom demographischen Wandel beanspruchte Gesundheitssystem profitiert davon.

„Dem gerätegestützten Fitnesstraining kommt mittlerweile auch ein enormer volkswirtschaftlicher Nutzen zu. Denn angesichts der immensen Kosten, die der Bewegungsmangel verursacht, bietet sich hier eine exzellente Möglichkeit der Kosteneinsparung" (DIFG, 2010, S. 31).

2. Weiterentwicklung der Führungsleistung

Digitalisierte und flexible Programme versetzen die Personalabteilungen in die Lage, hochwertige Feedbacks einfach selbst durchzuführen und damit die Vorzüge eines Feedbacks nicht mehr nur dem Top-Management, sondern möglichst allen Mitarbeitern mit Führungsaufgaben zu ermöglichen. So entsteht nach und nach eine ausgeprägte Feedbackkultur über alle Ebenen im Unternehmen, die sich positiv auf die Gesamtperformance auswirkt.

3. Großes Marktwachstumspotential der Fitnessbranche

Der Trend zum größeren Fitness- und Gesundheitsbewusstsein wächst stetig. Das in 2015 verabschiedete Präventionsgesetz trägt auch seinen Beitrag dazu. Denn neben dem Wunsch zur Ästhetik spielt auch das Bewusstsein der Notwendigkeit von Sport zur Gesundheitsvorsorge eine große Rolle.

„Der Geschäftsführer des Arbeitgeberverbandes deutscher Fitness- und Gesundheitsanlagen (DSSV) Refit Kamberovic geht in seiner Prognose davon aus, dass die Zahl der Fitnessstudiomitglieder bis zum Jahr 2017 auf 10 Geschäftsführer des Mio. steigen wird" (Daumann, Heinze & Römmelt, 2012, S. 16).

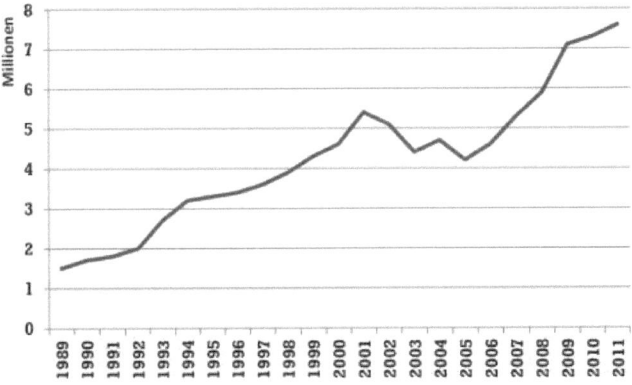

Abb. 2: Mitgliederentwicklung im deutschen Fitnessmarkt (DSSV, 2012; zitiert nach Daumann, F., Heinze, R. & Römmelt, B., 2012, S. 13)

**Risiken:**

1. Marktübernahme durch Billiganbieter

„Den am deutlichsten wahrnehmbaren Trend des noch jungen 21. Jahrhunderts stellt die Entwicklung des Discountsegmentes in der Fitnessindustrie dar. Getrieben insbesondere von der „McFIT GmbH", mit rund 1.000.000 Mitgliedschaften der Marktführer in Deutschland, hat sich dort ein neuer Bereich gebildet, in dem mittlerweile eine Vielzahl von Anbietern das Leistungsangebot im Wesentlichen auf die Bereitstellung von Ausdauer- und Kraftgeräten fokussiert hat und in der Regel deutlich weniger als 20,- pro Monat an Mitgliedsbeiträgen berechnet werden. Es ist für die Zukunft jedoch nicht davon auszugehen, dass sich dieses Wachstum dauerhaft unvermindert fortsetzen wird" (Daumann, Heinze & Römmelt, 2012, S. 14-15).

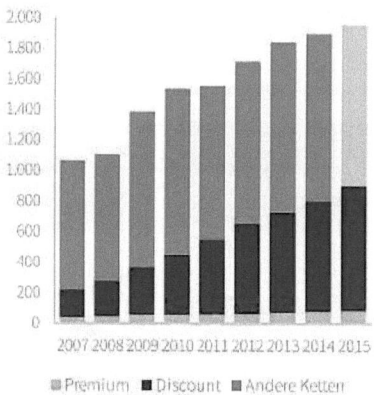

Abb. 3: Anlagenentwicklung in Deutschland (Edelhelfer GmbH, 2015, S. 5)

Die Abbildung zeigt den deutlichen Anstieg der Anlagenanzahl im Discount-Bereich und einen vergleichsweise geringen Anstieg m Premium-Segment, während das mittelständische Segment schrumpft.

2. Stärkerer Trend zu Outdoor Aktivitäten

Viele Menschen verspüren den Drang sich in der Natur zu bewegen. Gerade diejenigen, die täglich auf der Arbeit in Büros verbringen, wollen nach Feierabend lieber an der frischen Luft trainieren. Gerade im Sommer sinkt daher die Besucheranzahl im Fitnessstudio. Joggen im Freien und Radfahren werden dann meistens bevorzugt. Auch Apps wie Freeletics ziehen die Mitglieder aus den Studios und lassen die Fluktuation steigen.

3. Diversifikation im Markt

Die zunehmende Produkt- und Dienstleistungsvielfalt in der Fitness-Branche zieht immer mehr Kunden aus den Studios. Fitnesstraining an Geräten wird oft als zu langweilig empfunden. Daher steigen vermehrt junge Leute auf Ersatzprodukte um. Gerade durch den technischen Fortschritt und die ständigen Innovationen machen es Fitness First sowie anderen Anbietern beinahe unmöglich Schritt zu halten. Diese Entwicklung erfordert hohe Investitionen und ständige Schulungen der Mitarbeiter.

## 2.3  Erstellung einer SWOT-Matrix

Tab. 1: Strategiekombinationen der SWOT-Matrix

|  | Chancen | Risiken |
|---|---|---|
| **Stärken** | - Kooperationen mit Krankenkassen nutzen, um Marktanteile ausbauen, z.B. über Rabattierungen<br>- Angebotsvielfalt bewerben, um Wachstumspotential der Branche auszuschöpfen | - Angebote um geplante Outdoor Aktivitäten erweitern (z.B. Laufgruppen oder Yoga im Freien), um das Naturbewusstsein der Kunden anzusprechen<br>- Verstärkung des Angebots von Firmenfitness, um sich von Billiganbietern abzuheben |
| **Schwächen** | - Auslastungsprobleme beheben, indem mehr krankenkassengeförderte Gesundheitskurse/-programme am Vormittag angeboten werden<br>- Standards für Probetrainings und Beratungsgespräche setzen, um die Marktpotentiale besser zu nutzen | - Tages-Mitgliedschaften bis 16 Uhr für günstigeren Tarif anbieten, um eine bessere Verteilung der Auslastung zu erreichen, die Mitglieder nicht auf Outdoor Aktivitäten umsteigen<br>- Image familiärer und betreuungsintensiver gestalten, um trotz der vielen günstigeren Fitness-Trends die Kundenbindung zu stärken |

# 3  Corporate Identity

## 3.1  Interview-Analyse Kieser Training

### 3.1.1  Anzeichen zur Erneuerung der Corporate Identity

| | |
|---|---|
| Corporate Design: | - Visuelle Modernisierung - Farbwechsel Grau/Gelb zu |
| Corporate Communication: | - Anpassung des Slogans (von „Starker Körper. Starke Haltung." zu „Ja zu einem starken Körper") |
| | - neues Marketingkonzept (Einbezug sozialer Medien) |
| | - Imagewechsel (Ansprechen einer breiteren Kundenschicht, statt nur alte oder kranke Leute) |
| Corporate Identity: | - Weiterentwicklung durch Forschung (Entwicklung von Maschinen zur Stärkung von beispielsweise Beckenboden- und Sprunggelenksmuskulatur) |
| | - Wechsel der Sparte (anfangs Athleten, daraus die Entwicklung zu medizinisch fundiertem Training, dann Breitensport) |

## 3.1.2 Gründe für Neuausrichtung der Corporate Identity

- Erschließung neuer Märkte

Durch die Nutzung neuer Marketinginstrumente können neue Märkte erschlossen werden, indem andere Zielgruppen angesprochen werden. Kieser nutzt die sozialen Medien, um auch jüngeres Publikum zur Prävention aufzufordern, die Kieser noch nicht kennen oder gewisse Vorurteile haben, nicht nur Menschen die das Studio schon zur Rehabilitation nutzen und die Leistung kennen.

- Innovation und Kundenorientierung

Egal wie beständig ein Produkt oder eine Dienstleistung ist, braucht es mit der Zeit kleine Veränderungen. Innovationen desgleichen tragen dazu bei, dass durch ein anderes Corporate Behaviour automatisch eine gewisse Neuorientierung des Auftretens der Marke entsteht. Wichtig dabei ist, dass man als Unternehmen mit dem Zug der Zeit geht, auch wenn es wie bei Kieser keine eigentliche Veränderung am Produkt gibt. Trotzdem brachten sie durch eine überarbeitete Corporate Identity frischen Wind in die Marke, um im Gespräch zu bleiben.

- Erstreben einer klaren Positionierung

Gerade in der Fitness-Branche, die eine polypolistische Marktform darstellt und von den Anbietern hart umkämpft ist, ist eine eindeutige Positionierung von hohem Wert. Unternehmen die im mittleren Preisniveau festhängen oder zu gewöhnliche Leistungen bieten, sind schnell ersetzbar und haben wenig Chance auf große Erfolge. Kieser hatte diese klare Positionierung schon immer. Die Effizienz der Kieser Methode steht dabei im Kern der Marke. Die Neugestaltung der Corporate Identity soll dieses Thema noch mehr zum Ausdruck bringen. Sport soll hierbei vor allem im Marketing nicht als Lifestyle Produkt beworben, sondern eher als Notwendigkeit um den Lebensinhalt zu unterstützen.

- Schnellere Wiedererkennbarkeit

Das Corporate Design ist der meist am deutlichsten wahrnehmbare Aspekt der Corporate Identity. Ist das Design nicht aussagekräftig, so bleibt auch die Marke oft nicht lang in Erinnerung. Je einzigartiger das Logo ist, desto öfter erkennt man die Marke auch unterbewusst wieder. Kieser nutzte die Neugestaltung des Corporate Designs, um sich visuell von dem bekannten Discounter McFIT loszulösen. Gleichzeitig grenzte sich das Unternehmen dadurch auch von dem veralteten Image ab.

### 3.1.3 Weitere Beispiele für „Corporate Identity Makeovers"

1. Vodafone

Das Unternehmen passte im Jahr 2013 vor allem visuell die Corporate Identity an, indem es das Logo von der roten Vodafone-Box zu einem Rhombus änderte. „Dieses Element vermittelt Dynamik und Kraft und bietet zudem eine starke grafische Fläche, die sich auf allen Kanälen einsetzen lässt", sagt Vodafone Manager Gregor Gründgens (HORIZONT, 2013). Das alte Logo war überaltert und nicht mehr zeitgemäß, während das neue die Gestaltung von Kampagnen flexibler macht.

2. Audi

Besonderes Augenmerk bei Audi ist nicht nur die Veränderung des Corporate Designs, sondern hauptsächlich des Corporate Behaviours. Mit einer digitalen und analogen Plattform wird die Transparenz zum Kunden geschaffen. „Also hat Audi seine Markenidentität in atomähnliche Elemente zerlegt, die auf verschiedene digitale Oberflächen skalierbar sind. Damit verkürzt sich zum einen die Reaktionszeit auf technische Neuheiten. Gleichzeitig sichert dieser Schritt ein konsequentes Markenerlebnis über alle vorhandenen Touchpoints hinweg" (W&V, 2016). Im Design soll die Farbe Silber nicht mehr allzu dominant sein und das Logo soll sich mehr an den Inhalt anpassen und weniger alleinstehen.

3. Burberry

Die Entwicklung der Marke zog sich von Funktionsbekleidung über die Verwendung im Militär bis hin zum Trend bei englischen Hooligans. Um die Abwertung der Marke durch die Hooligan-Bewegung zu vermeiden, wurde von der Geschäftsführerin Angela

Ahrendts 2006 die Produktivität um 30% heruntergesetzt. Dieser drastische Schritt im Corporate Behaviour kombiniert mit einem raffinierten Marketing-Konzept gab der Marke die Exklusivität für die sie heute noch steht, aber noch auf Masse zu verkaufen. „Was bei Burberry jedoch wirklich faszinierend ist, ist die Tatsache, dass sich Kontext und Produkt stets ändern und weiterentwickeln, jedoch das Muster immer noch exakt genauso aussieht wie zu den Zeiten seines Erfinders Thomas Burberry" (Spiegel Online, 2008).

4. Jägermeister

Der Imagewechsel erfolgte bei dem Unternehmen vor allem durch Sportsponsoring im Fußball. Aus dem Rentner-Likör wurde das Getränk dadurch zu einer internationalen Kult-Marke mit Traditionsbewusstsein. Für den Wechsel ausschlaggebend war hier vor allem die Corporate Communication. Der neue Vorstandvorsitzende Hasso Kaempfe änderte das Design der Website sowie das Marketingkonzept und zog damit eine andere Zielgruppe an. Heute organisiert Jägermeister Rockkonzerte und andere Events, und erschuf zusammen mit einem Energy-Drink das „Flying Hirsch", ein eigenes Getränk. Damit erreichten sie eine Marktdurchdringung im internationalen Ausmaß.

## 3.2 Marketing-Strategien

### 3.2.1 Marktbearbeitungs- und Wettbewerbsstrategie

Kieser verfolgt die Marktbearbeitungsstrategie der Produktspezialisierung. Sie bieten eine bestimmte Art Dienstleistung, die an jedem Standort gleich ist. Selbst von der Ausstattung unterscheiden sich die Clubs kaum. Diese Dienstleistung verteilt sich auf in Deutschland aktuell mehr als 110 Standorte und ist auch international präsent. Dabei deckt es nicht nur im geographischen Bereich verschiedene Märkte ab, sondern auch kundenspezifisch nach Beschwerdebildern und Altersklassen.

### 3.2.2 Strategien der Produkt-Markt-Matrix nach Ansoff

- Produktinnovation

Kieser bleibt im Kern das gleiche Produkt, d.h. die Trainingsprinzipien und das Konzept bleiben bestehen, jedoch gibt es durch die Forschungsabteilung regelmäßig Innovationen der Maschinen, oder auch neue Geräte, so wie die weltweit erste Maschine für das

Training der Beckenbodenmuskulatur. Dadurch erlangen sie eine führende Position im medizinischen fundierten Training und sowie ein Alleinstellungsmerkmal.

- Marktdurchdringung

Kieser durchdringt den Markt als Franchising System und verbreitet die Geschäftspartner über ganz Deutschland. Weiteres Wachstum ist laut Kieser geplant, jedoch geht die Firma in der Expansion lieber langsam und sicher vor.


# 4    Digitalisierung der Fitness- und Gesundheitsbranche


Trotz des starken Wachstums der Fitnessbranche müssen die Studios sich ständig den Kundenbedürfnissen anpassen. Neben der zunehmenden Diversifizierung und Spezialisierung der Fitnessangebote spielt hierbei die Digitalisierung der Branche eine zentrale Rolle. Fitness-Studios profitieren immer öfter durch die neuen Technologien. Digitale Lösungen unterstützen die Studioleiter, indem sie Arbeitsprozesse vereinfachen, bis hin zum papierlosen Studio. Auch die Technisierung im Trainingsbereich unterstützt die Trainer im Studio immer mehr bei ihrer täglichen Arbeit. Beim Zirkeltraining beispielsweise berücksichtigt die Chipkartensteuerung individuelle Körpermaße und Trainingsziele, elektronische Widerstände ersetzen Gewichte, präzise Taktung garantiert genaue Belastungsphasen. Ein weiterer Trend ist ein ganzheitliches Training unter individueller Betreuung qualifizierter Trainer mit elektronischer Muskel-Stimulation durch Reizstrom, kurz EMS-Training. Virtuelles Training schafft es mit mitreißender Musik und Gruppendynamik die Trainierenden zu motivieren (DSSV, 2016).

„Das „vernetzte Studio" kann sich noch individueller auf den Kunden einstellen und ihm einen noch höheren Betreuungsstandard bieten. Auch die Kommunikation und Werbung kann besser gesteuert werden" (Creditreform, 2016; zitiert nach DIFG, 2016, S. 8). Die folgenden Trends sollten laut der Sicht des Innovationsmanagers an die Unternehmensführung zur Umsetzung weitergeleitet werden.


1.  Digitalisierte Trainingsgeräte

Zirkelkonzepte wie z.B. der Egym-Trainingszirkel sind hervorragende Möglichkeiten, um die Trainer zu entlasten. Die Einstellung der Geräte dauert nur Minuten und erspart lange Einweisungstrainings. Die chipgesteuerten Geräte sind für den Kunden leichter zu bedienen und es entstehen weniger Fehler. Auch die Belastungszeit und Intensität sind durch die Geräte geregelt. Vorteilhaft ist die Effizienz trotz Kürze der Einheiten.

2. Studio App

Um die Kundenbindung zu fördern sollte das Unternehmen eine studioeigene App anbieten. Trainingsplanung und Dokumentation, Online Kursbuchungen oder Newsletter, je nach Schwerpunkten des Studios kann diese App auf die wichtigsten Funktionen angepasst werden. Für den Kunden ist das ein hochwertiger Service.

3. Facebook Marketing

Marketing in sozialen Netzwerken wie z.B. Facebook ist mit einem geringeren Kostenaufwand verbunden als herkömmliche Marketingkanäle. Das Unternehmen kann eine hohe Reichweite erzielen und somit den Bekanntheitsgrad erhöhen. Die Kunden schätzen die Interaktion und damit Transparenz der Kommunikation, sowie die Aktualität dieser Art von Marketing.

4. Virtual Fitness

Kursräume zu virtuellen Fitness-Räume auszubauen ist ein Trend, den vor allem Mikro-Studios ergreifen. Soundsystem und Lichtanlage schaffen einzigartige Fitness-Erlebnisse, die vor allem jüngere Zielgruppen begeistern können. So können höhere Kursteilnehmerzahlen erzielt werden. Ein Trainer sollte dabei trotzdem noch den Kurs leiten, um die persönliche Bindung zu dem Kunden zu halten.

5. Digital überwachtes Betreuungssystem

Ob ein Mitglied schon lange nicht mehr anwesend war, lässt sich ab einer gewissen Anzahl und Studiogröße kaum noch überprüfen. Mittlerweile schaffen es Software und Betreuungs-Tools einen klareren Überblick zu verschaffen. Zum Beispiel kann diese Software nun eine automatische SMS an den Kunden schicken, sobald dieser mehr als 21 Tage abwesend war, nach einigen Tagen kann das System dem zuständigen Trainer eine Aufgabe erstellen, diesem Kunden zu kontaktieren und er fühlt sich besser betreut.

**Chancen:**

1. Kosteneinsparung

Durch das günstige Marketing, kann es in diesem Bereich zu immensen Einsparungen kommen. Auch kann durch die Digitalisierung an Personalkosten gespart werden, was sowohl als Chance als auch als Risiko gesehen werden kann.

2. Erhöhung der Reichweite

Gerade über soziale Medien kann ein Unternehmen mit geschicktem Marketing mehr Reichweite erlangen. Dort lässt sich vor allem über emotionale Beiträge Interesse wecken und schafft mehr Sympathie zum Unternehmen.

3. Datenerhebung

Trainingsdokumentation kann durch die Digitalisierung für den Kunden zugänglich gemacht werden und die Erfolge werden für den Kunden sichtbar gemacht. Somit kann auch eine bessere Trainingssteuerung und Effizienz erreicht werden.

Bei Check-up und Anamnese liegt die Herausforderung für das Studio in der Aufbereitung und übersichtliche Darstellung einer Vielzahl von Daten aus verschiedenen Analysesystemen. Software ist für die Aufarbeitung und Darstellung großer Datenmengen ideal.

**Risiken:**

1. Verletzung des Datenschutzes

Es versteht sich von selbst, dass Gesundheitsdaten sehr persönliche und höchst sensible Daten sind. Von daher muss in Zukunft dafür gesorgt werden, dass ein besonderes Augenmerk auf dem Datenschutz liegt. Bei der Nutzung von Wearables, Apps und anderen Online-Diensten sollte der Verbraucher immer darüber informiert werden, wer Einblick in die persönlichen Gesundheitsdaten erhält und diese weiter verwertet.

2. Online Programme

Viele Menschen schrecken mittlerweile vor längeren Fitness-Verträgen ab, die dem Unternehmen hingegen Planungssicherheit geben, und schätzen die Freiheit und Ungebundenheit. Online-Anbieter wie z.B. „Somuchmore" bieten viel Auswahl an Kursen und anderen Angeboten, flexibel buchbar und jederzeit kündbar für einen vergleichsweise geringen Preis. Diese werben mit Testimonials aktiv gegen größere Fitnessstudios. Aus Sicht der Fitnessstudios sind solche Anbieter ein großes Risiko für die Branche. Gerade der über das Internet können solche Anbieter sehr „gehyped" werden. Auch Kurzzeit Promi-Diät- oder Sportprogramme häufen sich am Markt und können durch gekonnte mediale Präsenz Kunden abwerben.

3. Trainer werden überflüssig

Die Gefahr der Digitalisierung besteht darin, dass der Beruf des klassischen Fitnesstrainers in ferner Zukunft überflüssig wird. Die persönliche Betreuung wird sicher nie vollständig ausgelöscht werden, allerdings übernehmen viele digitale Systeme einen Großteil der Arbeit. Daher werden sich die Aufgaben eines Trainers in Zukunft vermutlich weiterentwickeln, was durchaus zu einer Chance werden kann, wenn man die neuen Möglichkeiten richtig nutzt.

# 5   Literaturverzeichnis

Business-on. (2009). *Unternehmensportrait – Der seltsame Fall des Jägermeisters.* Zugriff am 25.01.2017. Verfügbar unter: http://www.business-on.de/bezeichnung-jaegermeister-getraenk-marke-likoer-unternehmen-_id19937_seite2.html

Daumann, F., Heinze, R. & Römmelt, R. (2012, März). Strategisches Management für Fitnessstudios. *Sciamus – Sport und Management, 3,* S. 1-87.

DIFG. (2010). *White paper 2010.* Zugriff am 22.01.2017. Verfügbar unter: http://www.fitness-und-gesundheit.de/_media/media/white_paper_2010.pdf

DIFG. (2016). *Branchenreport 2016.* Zugriff am 22.01.2017. Verfügbar unter: http://www.creditreform-rating.de/fileadmin/user_upload/creditreform-rating.de/Dokumente/Fachpublikationen/Creditreform_Rating-DIFG-Branchenreport-2016.pdf

DSSV. (2016). *Eckdaten der deutschen Fitnesswirtschaft 2016.* Zugriff am 20.01.2017. Verfügbar                                                                                                       unter: http://www.dssv.de/fileadmin/user_upload/Presse/Pressemitteilungen/2016/PM_Eck datEc_2016.pdf

DSSV. (2016). *Fitness Trends für das Jahr 2017.* Zugriff am 20.01.2017. Verfügbar unter: https://www.dssv.de/index.php?eID=dumpFile&t=f&f=3799&token=6a3f17851de3f b2cd7cd0959f57e234f49e74d0c

Edelhelfer GmbH. (2015). Führende Betreiber - Fitness in Deutschland. Zugriff am 23.01.2017.                                        Verfügbar                                        unter: http://www.edelhelfer.eu/expertise/publikationen/2016/edelhelfer-fuehrende-betreiber-fitness-in-deutschland-31-dezember-2015/

Fitness First GmbH. (2016). *Über uns.* Zugriff am 21.01.2017. Verfügbar unter: https://www.fitnessfirst.de/wer-wir-sind

HORIZONT. (2013). *Gregor Gründgens im Interview.* Zugriff am 25.01.2017. Verfügbar unter: http://www.horizont.net/marketing/nachrichten/Warum-Vodafone-seine-Corporate-Identity-ueberarbeitet-Gregor-Gruendgens-im-Interview-116491

ÖKO-TEST. (2009). *ÖKO-TEST Jahrbuch Gesundheit für 2010.* Zugriff am 22.01.2017.                                        Verfügbar                                        unter: http://emedien.oekotest.de/payment/B6DFC8AA8020A1A84564F3CFD105975ACF 232610/94088.html

Spiegel Online. (2008). *Modephänomen Burberry – kleines Karo, große Wirkung.*

Zugriff          am          25.01.2017.          Verfügbar          unter:

http://www.spiegel.de/einestages/modephaenomen-burberry-a-949629.html

Stocker, A., (2014, Januar). 1/2014 test. *Stiftung Warentest, 1,* 74-97.

W&V. (2016.) *Neue Corporate Identity: Audi startet offenes Markenportal.* Zugriff am

25.01.2017.          Verfügbar          unter:

http://www.wuv.de/marketing/neue_corporate_identity_audi_startet_offenes_marken

portal

# 6   Abbildungs- und Tabellenverzeichnis

## 6.1  Abbildungsverzeichnis

## 6.2  Tabellenverzeichnis